ÉTUDES

SUR LA

RÉVISION DU CODE FORESTIER

PAR

GUSTAVE BASCLE DE LAGRÈZE,

Procureur de la République, chevalier de l'Etoile Polaire,
correspondant du comité historique et du comité des arts près le
ministère de l'Instruction Publique,
de la société des antiquaires de France, de l'académie des sciences,
inscriptions et belles-lettres de Toulouse,
de l'académie des sciences, lettres et arts de Bordeaux,
de la société archéologique du Midi, etc.

Bagnères-de-Bigorre,

Typographie de J.-M. Dossun, place Napoléon.

1851.

ÉTUDES

SUR LA

RÉVISION DU CODE FORESTIER

PAR

GUSTAVE BASCLE DE LAGRÈZE,

Procureur de la République, chevalier de l'Etoile Polaire,
correspondant du comité historique et du comité des arts près le
ministère de l'Instruction Publique,
de la société des antiquaires de France, de l'académie des sciences,
inscriptions et belles-lettres de Toulouse,
de l'académie des sciences, lettres et arts de Bordeaux,
de la société archéologique du Midi, etc.

Bagnères-de-Bigorre,

Typographie de J.-M. Dossun, place Napoléon.

1851.

[illegible]

[illegible]

[illegible]
[illegible]
[illegible]
[illegible]
[illegible]
[illegible]
[illegible]

[illegible]
[illegible]
[illegible]

ÉTUDES

SUR LA

RÉVISION DU CODE FORESTIER.

Lorsque les problèmes sociaux les plus brûlans préoccupent encore l'opinion, le moment est-il bien choisi pour entreprendre de froides études sur un sujet d'utilité publique?

Selon moi, le devoir du magistrat est toujours de rendre compte des imperfections que l'expérience lui révèle dans la loi, et des améliorations que la réflexion lui suggère.

Et les hommes politiques eux-mêmes ne semblent-ils pas éprouver, dans ce moment, le besoin, après s'être divisés dans des luttes passionnées, trop souvent stériles, de se réunir, pour travailler d'un commun accord à tout ce qui tient aux intérêts matériels du pays et à la prospérité nationale?

Les forêts de la France s'en vont.

Est-il nécessaire et possible de réparer les dévastations déjà commises et d'arrêter les dévastations à venir ?

Ces questions ont été long-temps à l'ordre du jour, et il serait désirable qu'elles n'y restassent pas long-temps encore !

Différens projets de loi, présentés à différentes époques, attendent toujours une sanction définitive.

Dans ce moment même, l'assemblée législative a chargé une commission de l'examen des propositions et des réclamations nombreuses adressées à la Chambre sur la réforme du Code Forestier (1).

Je n'ai point l'ambitieuse prétention de résoudre toutes les difficultés graves qui ont été soulevées : mon but principal serait de signaler quelques modifications, dont les dispositions pénales du Code me paraissent susceptibles ; mais pour arriver à démontrer l'utilité et l'urgence des mesures nouvelles que je vais indiquer, j'ai été obligé de traverser des sujets si intéressans de discussion et de controverse,

(1) Déjà M. Gasc a présenté un rapport au nom de la commission de l'initiative parlementaire chargée d'examiner les propositions de MM. Dabeaux, Goldenberg, Anglade, Crestin, Chegaray, de Crouseilhes, Dariste, Etcheverry, de Rességuier, Larrabure, Manescau, de Vergeron, Soubies, Tron, de Roquette, de Lespinasse, sur les modifications à introduire dans le Code Forestier.

que je n'ai pu m'empêcher de les effleurer en passant.

J'examinerai rapidement :

1° Quels ont été les progrès et la décadence des forêts de la France,

2° Quels sont les inconvéniens physiques qui résultent du déboisement,

3° Quels sont les inconvéniens moraux et politiques qui résultent du genre de vie des délinquans d'habitude,

4° Quels sont les moyens de réparer le mal déjà fait,

5° Quels sont les moyens de protéger les forêts à l'avenir,

6° Quels sont les caractères d'inefficacité et d'injustice que j'ai cru trouver dans le système répressif actuel,

7° Quelles sont les modifications pénales qui me semblent utiles et possibles.

§ I. — Quels ont été les progrès et la décadence des forêts de la France.

Commencerai-je par faire l'apologie des forêts? Si je voulais vanter leur utilité, j'arriverais trop tard. C'est un sujet épuisé, et les anciens ne m'auraient rien laissé de nouveau à dire. Cicéron les appelait l'arme de la guerre et l'ornement de la paix. *Silvæ subsidium belli et ornamentum pacis.* Pline les célèbre comme *le plus riche présent que la nature ait fait à l'homme. Les bois,* disait-il, *se prêtent à des usages d'une variété infinie, et rien ne peut les remplacer. Ils nous servent à traverser les mers, à cultiver les champs, à construire nos demeures* (1). M. de Martignac, en 1827, proclamait la conservation des forêts, l'un des premiers intérêts de la société, et, par conséquent, l'un des premiers devoirs du gouvernement.

La végétation arborescente, puissante et riche, qui couvrait, dans les temps primitifs, la terre vierge encore, fut bientôt diminuée par la naissance de toutes les industries, par l'accroissement progressif de tous les besoins de la vie humaine.

Aussi les plus antiques législateurs s'occupèrent-ils de protéger les forêts. Les saintes écritures nous apprennent que le roi de Perse avait un garde forestier, nommé Asaph; c'est à lui que s'adressa Néhémias pour obtenir les bois nécessaires à la reconstruction de Jérusalem. Toute république bien ordonnée, dit Aristote,

____

(1) Summum munus homini datum... mille sunt usus earum sine quibus vita degi non possit. Arbore sulcamus maria, terrasque admovemus; arbore exædificamus tecta. Plin. *Hist. natur.* L. XII. § 1 et 2.

doit avoir des gardiens de bois, *custodes sylva-
rum*. Chez les Romains, les forêts étaient déjà
réunies du temps d'Ancus Martius au domaine
public ; et sous Jules César, elles formaient une
espèce de ministère, *provinciam ad sylvas et
colles,* dont l'administration était confiée aux
consuls.

Je ne veux point laisser mes observations
s'étendre sur les législations étrangères, anciennes ou modernes ; je les restreindrai à la législation forestière de la France.

Je ne veux point non plus rechercher par
quelles vicissitudes ont passé les forêts de notre
patrie et jusqu'à quel point les modifications
qu'elles ont subies parmi nous sont liées à celles
qu'ont éprouvées la constitution de la propriété,
les institutions et les mœurs de nos pères.

Ce travail d'érudition nous ferait dévier de
notre but. Je ne demanderai à l'histoire du
passé que des avertissemens pour l'avenir. Je
ne chercherai à exciter des regrets que pour
tâcher d'en épargner de plus vifs encore aux
générations qui viendront après nous.

César nous apprend que la Gaule ancienne
était couverte de forêts immenses entrecoupées
de marais profonds (1).

______

(1) Continentes sylvas ac paludes. (Cés. de Bell. Gall.
Liv. III.)

Les Celtes, nos fiers ancêtres, vivaient au milieu de ces forêts, dont leur nom même tirait son origine (1). C'est là que s'offraient à eux toutes les ressources nécessaires aux besoins de la vie sauvage. Ils y trouvaient, pour leur nourriture, des fruits abondans. La chasse leur procurait des animaux qui sont devenus rares, ou qui ont complètement disparu (2) avec les bois qui leur servaient de refuge.

Je ne dirai rien des Druides, dont les cérémonies si connues ont laissé dans les traditions populaires d'ineffaçables empreintes.

Les forêts sacrées des Gaulois étaient pleines de sombres mystères. Une superstitieuse terreur les protégeait mieux qu'aucune loi humaine, et leur violateur, dit le poëte (3), aurait craint, en voulant les frapper, que sa hâche ne se retournât contre sa poitrine.

Les arbres même étaient quelquefois déifiés et devenaient l'objet d'une idolâtrie locale. Sur les hauteurs des Pyrénées, l'archéologue re-

(1) *Coillte* signifie forêt en langue celtique.

(2) Nous citerons notamment le *Cervus* (genre renne), le *Bos Urus*, Auroch, bœuf sauvage, qu'un naturaliste distingué, M. Philippe, a trouvé dans les Pyrénées à l'état fossile.

(3)   Si robora sacra ferirent,
In sua credebant redituras membra secures.
       Luc. Phars. Liv. iii.

trouve encore des autels votifs à des divinités sylvestres, comme le dieu Hêtre (1) (Fagus), le dieu Six-Arbres (2), le dieu Sylvain (3), etc.

Ce culte pour les forêts obtint les derniers sacrifices du paganisme (4) expirant. Les capitulaires de nos rois et les canons des conciles eurent long-temps à combattre cette superstition.

Les Romains, si avares de leurs bois, n'épargnèrent pas ceux des vaincus. Ils en réglèrent la coupe et en tirèrent un revenu considérable (5). Plus tard, soit pour augmenter ce revenu, soit pour éloigner des ennemis en les privant de leurs profondes retraites, ils employèrent les barbares eux-mêmes à détruire leurs forêts si vénérées. L'ordre général de les abattre fut donné, dit un auteur (6), par les empereurs Tibère et Probus. Cet ordre heureusement ne fut jamais complètement exécuté.

Lorsque le christianisme se répandit sur le monde pour le consoler des malheurs des invasions, les moines recueillirent les derniers

(1) Autels votifs inédits.

(2) Notice sur le Musée de Toulouse, par M. Du Mège.

(3) D. Martin, Religion des Gaulois. T. 1, *p.* 191.

(4) *Essais sur le Bigorre.* — Civilisation chrétienne chez les Francs, par Ozanam, *p.* 181. — 1849.

(5) M. de Pastoret. — Ordonnances des rois de France. T. xv.

(6) Forêts de la France, par M. Rougier de la Bergerie.

débris de la civilisation antique pour les employer à reconstruire la civilisation moderne.

Les forêts avaient repris des développemens excessifs. L'agriculture exigeait qu'on y mît des bornes. L'industrie rurale sut faire d'utiles conquêtes en s'interdisant de funestes ravages. Pressés par le besoin d'augmenter les produits alimentaires, les moines défrichèrent les bois pour créer des champs, des prés et des vignes. Ils utilisèrent les vieux arbres dans des constructions magnifiques, et, en déblayant le sol, ils créèrent des villes, des villages, des monastères; ils civilisèrent les populations et les enrichirent.

La féodalité aimait les vastes domaines et les bois immenses : quand on lit dans les vieux romanciers et les chroniqueurs du moyen âge les descriptions des forêts, qui environnaient les grandes villes, comme Paris et Lyon, qui s'étendaient dans les plaines et qui couvraient surtout les montagnes des Vosges, de la Franche-Comté, des Alpes et des Pyrénées, on recule devant la longueur de l'inventaire complet des richesses forestières de la France, surtout du Xme au XIVme siècle (1).

Depuis cette époque que de pertes immenses

(1) Voir une savante et curieuse dissertation sur *les Forêts de la Gaule et de l'ancienne France*, publiée par M. Alfred Maury, dans les Mémoires de la société des Antiquaires de France. Nouvelle série. T. XIX, *p.* 263.

nous avons faites, sans avoir même essayé de
les réparer !

L'action simultanée de plusieurs causes différentes a hâté le déboisement général qui n'a
cessé de faire de rapides, d'effrayans progrès.

Les massifs boisés sont quelquefois détruits
sans le concours de l'homme par des phénomènes de la nature. Ils peuvent être fracassés par
les vents, déracinés par les tempêtes, emportés
par les avalanches et les torrens.

Faute de soins et de voies de communication,
des arbres antiques qui ornaient les cimes des
montagnes inaccessibles, ont péri sur pied sans
que l'on ait su les utiliser et les remplacer.

Vers le xvme siècle, les seigneurs, dont l'autorité s'affaiblissait et dont la guerre avait dé-
peuplé les domaines, firent de longues concessions de droit d'usage, pour attirer des populations plus nombreuses autour du manoir féodal.
« De grande ancienneté, dit Guy Coquille, les
» seigneurs, voyant leurs territoires déserts ou
» inhabités, concédèrent des usages à ceux qui
» voudraient les habiter, moyennant quelque
» légère prestation plutôt en reconnaissance de
» supériorité qu'en profits pécuniaires. » En
lisant les titres de constitution de droit d'usage
consentis, à cette époque, en si grand nombre,
on est étonné des servitudes meurtrières qui
étaient presque gratuitement abandonnées, tel-

les que le *pâturage*, l'*affouage*, le *marronage*, etc. Pecquet, dans ses lois forestières, nous dit « qu'il n'y avaît personne un peu voisin des fo- » rêts qui ne fût usager. L'on ne prévoyait pas » alors, ajoute-t-il, que les bois deviendraient » d'une valeur considérable ; et que ces espèces » de colons, qu'on cherchait à multiplier, se- » raient un jour fort à charge aux forêts par les » facilités que l'ouverture de celles-ci donnent » pour commettre des délits. »

Le déboisement devait inévitablement s'opérer.

« Les seigneurs, comme disait un vieil » auteur, fesaient couper leurs bois *par trop* » *grande cupidité* pour avoir des subjets ou des » cens, ou fournir à leurs forges à fer. »

Les usagers tenaient fort peu à respecter une chose dont ils n'étaient pas propriétaires, et dont la jouissance était partagée par trop de monde. Sans doute, le Code Forestier a remédié à plusieurs de ces abus. Mais l'augmentation de valeur de la terre cultivée, l'accroissement con- sidérable de la population, le développement de toutes les industries, l'établissement d'usines de toutes sortes, des forges, des verreries surtout ; enfin, les besoins, jadis inconnus, d'une civilisa- tion avancée, ont nécessité une exploitation plus grande des forêts, à mesure que les forêts, devenues plus rares, auraient dû être plus mé- nagées.

Ce qu'il y a enfin de déplorable, c'est l'augmentation toujours croissante des crimes et délits forestiers.

Les pâtres, aujourd'hui comme autrefois, dans les Pyrénées comme dans les pays sauvages, ne craignent pas d'employer l'agent de destruction le plus épouvantable, l'incendie (1). Sous les hautes futaies, l'herbe est peu abondante et peu substantielle : alors ils brûlent les hautes futaies pour fertiliser leurs pâturages et en agrandir l'étendue.

Ce qui est plus dangereux encore, ce sont les dévastations des bûcherons maraudeurs, parce qu'elles sont journalières et continuelles. Leur cupidité est excitée par le renchérissement du bois, et la hache frappe au hasard comme en pays ennemi. Ils s'inquiètent fort peu, au fond de leur conscience, des dommages qu'ils peuvent causer à un propriétaire; être collectif invisible, comme l'Etat ou la commune.

C'est ainsi que les accidens naturels, l'imprévoyance, les défrichemens, les dévastations criminelles ont concouru à priver notre pays de ses richesses forestières; cette disparition de nos bois a été si sensible, que la science n'a

____

(1) Voir une notice de G. Will Dawson sur la destruction des forêts par les incendies. *Edinburgh new philosophical Journal.* Avril 1847, vol. 45, *p.* 259.

cessé d'en signaler les dangers à la sollicitude du gouvernement.

Déjà, du temps d'Henri IV, un célèbre agenais, Bernard de Palissy, s'exprimait en ces termes énergiques : « Quand je considère la » valeur des plus moindres gittes des arbres ou » espèces, je suis tout émerveillé de la grande » ignorance des hommes, lesquels il semble » qu'aujourd'huy ils ne s'étudient qu'à rompre, » couper et déchirer les belles forests que leurs » prédécesseurs avoyent si précieusement gar- » dées. Je ne trouveray pas mauvais qu'ils cou- » passent les forests, pourvu qu'ils en plantas- » sent après quelque partie ; mais ils ne se sou- » cient aucunement du tems à venir, ne consi- » dèrent point le grand dommage qu'ils font à » leurs enfants à l'advenir. Je ne puis assez » détester et ne la puys appeler faute, mais » une malédiction et un malheur à toute la » France, parce que après que tous les bois » seront coupez, il faut que tous les arts cessent » et que les artisans s'en aillent paître l'herbe, » comme fit Nabuchodonosor (1). »

A ces vives paroles, nous pourrions ajouter des plaintes non moins énergiques qui n'ont cessé de se reproduire depuis cette époque.

Réaumur, en 1721, et Buffon, en 1739, con-

____

(1) Recep. véritable pour multiplier les thrésors, *p.* 85.

signèrent dans les mémoires de l'académie des observations sur le funeste dépérissement des forêts.

Il serait trop long d'essayer ici un historique complet des mesures que les hommes d'Etat les plus célèbres ont voulu prendre pour donner satisfaction à des réclamations si justes et si générales.

Mais il faut des temps calmes pour détruire des abus qui ont jeté des racines profondes. La dévastation des bois s'est toujours accrue dans les momens de commotion politique. Elle devint si menaçante aux approches de la première révolution, que Louis XVI, comprenant que son autorité affaiblie était impuissante à protéger les forêts, les plaça lui-même sous la protection des municipalités, dans une proclamation du 3 novembre 1789.

Pendant la tourmente révolutionnaire, voici ce qui se passa d'après M. Michelet (1) : « A la » révolution, toute barrière tomba; la population » commença d'ensemble cette œuvre de des- » truction. Ils escaladèrent, le feu et la bêche » en main, jusqu'au nid des aigles, cultivèrent » l'abime, suspendus à une corde. Les arbres » furent sacrifiés aux moindres usages; on » abattait deux pins (2) pour faire une paire de

(1) Histoire de France. T. II, *p.* 53.

(2) M. Michelet a voulu dire sans doute deux hêtres, car avec les pins on ferait de mauvais sabots.

» sabots. En même temps le petit bétail, se mul-
» tipliant sans nombre, s'établit dans la forêt,
» blessant les arbres, les arbrisseaux, les jeunes
» pousses, dévorant l'espérance. La chèvre sur-
» tout, la bête de celui qui ne possède rien,
» bête aventureuse qui vit sur le commun, fut
» l'instrument de cette invasion démagogique,
» la terreur de désert. »

Cette invasion fut générale et causa surtout
d'irréparables ravages dans les vallées Pyrénéennes. Les maraudeurs, en attaquant la propriété forestière, qui avait été long-temps une
propriété seigneuriale, trouvaient un double
avantage, d'abord, de ruiner les ci-devant no-
bles, et ensuite de s'enrichir eux-mêmes. M. Palassou rapporte qu'en Béarn, dans la terre seule
de M. le marquis de Jasses, 33,000 pieds de
hêtres ou de chènes furent abattus par la cognée
révolutionnaire (1).

Le déboisement, favorisé par tant de diverses
circonstances, a été universel. Il s'est étendu
des plaines aux vallées, des vallées aux plus
hautes montagnes.

M. Dralet affirme que, dans l'espace de deux
cent quarante-quatre ans, les bois des Pyrénées
ont perdu les deux tiers de leur contenance, et
il ajoute que s'ils continuaient à être livrés à la

(1) Cette dévastation fut constatée par M. le juge de
paix de Navarrens. *Palassou.*

même destruction, il n'en existerait plus dans cent vingt ans.

C'est ainsi que tout semble conspirer pour la réalisation de cette parole célèbre, et prophétique peut-être, de Sully : *La France périra faute de bois.*

§ II. — Quels sont les inconvéniens physiques qui résultent du déboisement?

Les savans se sont vivement préoccupés des funestes effets attribués à la destruction des forêts au point de vue de la climatologie et de l'agriculture.

Ces études ont été générales et commandées avant 1830 et depuis par le gouvernement lui-même. Les préfets, chargés de recueillir des observations, se sont adressés aux érudits de chaque département, et cela nous a valu d'excellens mémoires, notamment celui de M. Palassou sur les bois des Pyrénées.

Nous n'avons point la pensée d'approfondir ce vaste sujet; nous voudrions seulement faire comprendre combien les questions qui ont été soulevées à cet égard sont intéressantes pour le pays.

3

L'influence des forêts d'une grande étendue sur la température est constatée par la science (1).

Cette influence se fait ressentir sur la siccité et sur l'humidité du sol, soit en arrêtant les vapeurs et en empêchant la terre de se dessécher trop vite, soit en divisant les nuages et en absorbant les brouillards.

Cette influence agit encore sur les vents en rafraîchissant ceux qui sont trop secs, et en enlevant à ceux qui sont trop humides une partie de leur humidité.

S'il est vrai que la température soit plus constante sous le couvert des bois, cette circonstance peut être très importante pour la salubrité publique, car un grand nombre de maladies proviennent des variations atmosphériques trop brusques. Un médecin distingué, qui a écrit sur les Pyrénées, a observé que, depuis des défrichemens trop considérables, quelques vallées, notamment celle d'Azun, ne jouissaient plus d'un air aussi pur qu'autrefois.

Je crois devoir m'abstenir de m'engager plus avant dans les considérations météorologiques, parce que les faits, quoique recueillis en grand

(1) Cosmos, par M. de Humboldt. T. i, *p*. 382.

M. Vignes, inspecteur des forêts, un des agens les plus distingués de l'administration, a fait sous le point de vue climatologique d'intéressantes observations dans le pays basque.

nombre, ne sont pas encore assez bien établis pour arriver à des appréciations certaines et pour résoudre les difficultés qui ont divisé les savans (1) lorsqu'ils ont voulu déterminer l'action réelle des forêts sur les phénomènes atmosphériques.

Mais voici des effets physiques à l'abri de toute controverse sérieuse : je vais laisser parler M. de Humboldt ; ses observations sur l'Amérique méridionale sont aussi applicables à la France : « En abattant, dit-il, les » arbres qui couvrent la cime et le flanc des » montagnes, les hommes sous tous les climats » préparent aux générations futures deux cala- » mités à la fois, un manque de combustible et » une disette d'eau ! Les arbres, par la nature » de leur transpiration et le rayonnement de » leurs feuilles vers un ciel sans nuage s'enve- » loppent d'une atmosphère fraiche et bru- » meuse : ils agissent sur l'abondance des sour- » ces, non, comme on l'a cru long-temps par » une attraction particulière pour les vapeurs » qui sont répandues dans l'air, mais parce » qu'en abritant le sol contre l'action directe du » soleil, ils diminuent l'évaporation des eaux » pluviales. Lorsqu'on détruit les forêts avec » une imprudente précipitation, les sources ta-

(1) M. Arago admet l'influence climatologique des forêts de plaine, et M. Gay-Lussac la conteste.

» rissent ou deviennent moins abondantes. Les
» lits des rivières restant à sec pendant une par-
» tie de l'année se convertissent en torrens cha-
» que fois que de grandes averses tombent sur
» les hauteurs. Comme avec les brouillards, on
» voit disparaître le gazon et la mousse sur la
» croupe des montagnes, les eaux pluviales ne
» sont plus retenues dans leur cours ; au lieu
» d'augmenter lentement le niveau des rivières
» pour les filtrations progressives, elles sillonnent
» à l'époque des grandes ondées le flanc des col-
» lines, entraînent les terres éboulées et for-
» ment des crues subites qui dévastent les cam-
» pagnes. »

Un manque de combustible et une disette d'eau, voilà les deux calamités dont l'illustre savant annonce l'approche !

Le combustible commence à devenir insuffisant pour nos besoins.

Nous avons déjà fait remarquer que les exigences des diverses industries augmentent de jour en jour la consommation des bois, lorsque la production va, au contraire, sans cesse en diminuant.

D'après M. Héron de Villefosse (1), entre les usines à feu, les forges seules consomment le quart du combustible produit par le sol forestier.

____

(1) **Mémoire sur les usines de fer**, *p.* 70.

La France est toujours propre à fournir toutes les essences d'arbres qui lui sont nécessaires. Elle en renferme aujourd'hui deux cent cinquante espèces, dont les trois quarts sont d'origine étrangère (1).

La marine a des besoins considérables qui se renouvellent à tout instant. Les vaisseaux ne durent pas vingt ans sans être presque entièrement refaits, et leur construction exige des bois d'un grand âge.

Faut-il s'approvisionner à l'étranger? c'est lui payer un tribut qui peut devenir d'autant plus onéreux que les ressources forestières des divers pays s'appauvrissent aussi, et que le bois finira par devenir partout d'un prix excessif.

Ainsi donc l'honneur national et l'intérêt public nous commandent de conserver et d'accroître nos produits forestiers au lieu de les laisser dépérir. Ne nous exposons pas à devoir aller chercher au dehors, et bien difficilement en temps de guerre, ce qui est indispensable à la prospérité de notre marine. Ne nous exposons pas à l'obligation de demander aux entrailles de la terre le combustible que nos pères ont trouvé et que nous pouvons trouver encore dans ces arbres magnifiques la plus belle parure de nos plaines, le plus précieux trésor de nos montagnes !

(1) Deleuze. Annal. du Muséum. T. iii, *p.* 191.

Ces considérations frapperont tout le monde.
La menace d'une disette d'eau n'est pas moins à
redouter. L'influence des forêts sur la naissance
et l'alimentation des sources ne m'aurait point
paru mériter une démonstration si elle n'avait
été contestée par un homme (1) fort distingué
sans doute, mais dont l'opinion sur ce sujet a
été déjà victorieusement réfutée.

Les bois permettent à la terre de s'imprégner
d'humidité. En couronnant les plateaux, ils for-
ment des réservoirs d'où les eaux se répandent
pour féconder les vallées, tandis que si elles
s'échappaient avec trop d'impétuosité, des inondations funestes porteraient au loin la désolation
et la stérilité.

Cette protection des sources par les forêts
me rappelle ces paroles de Bernardin de Saint
Pierre : « Je pense, disait-il, que si on plantait
» en France des arbres de montagnes sur les
» hauteurs, on ferait reparaître dans nos cam-
» pagnes beaucoup de ruisseaux qui n'y coulent
» pas du tout. Ce n'est pas dans les roseaux ou
» au fond des vallées que les naïades cachent
» leurs urnes éternelles comme les représentent
» les peintres, mais au sommet des rochers cou-
» ronnés de bocages et voisins des cieux. »

Et combien nos intérêts agricoles auraient

(1) M. Mathieu de Dombasle.

à souffrir si les eaux qui arrosent nos campagnes venaient à s'appauvrir ou à se perdre ! La statistique a déjà constaté qu'une partie de nos prairies s'était desséchée par suite de l'irrégularité et de l'épuisement fréquent ou complet des ruisseaux qui les alimentaient. Au lieu de ces cours d'eau paisibles qui fournissent des moyens d'irrigation à l'agriculture, et des forces motrices à l'industrie, supprimez les forêts, et les eaux des pluies et des neiges du rocher, n'étant plus arrêtées ou ralenties par les végétaux, se rassembleront avec une extrême promptitude et donneront aux torrens une violence destructive indomptable.

Que l'on n'accuse pas nos craintes d'exagération ! L'histoire est d'accord avec la science.

Les auteurs nous parlent des populations innombrables et florissantes qui jadis habitèrent l'Asie Mineure, la Judée et les provinces situées aux pieds de l'Atlas. Ces contrées, si fécondes et si peuplées quand elles possédaient de vastes forêts, aujourd'hui qu'elles n'en possèdent plus, sont stériles et presque désertes. Cherchez dans la Grèce, aux magnifiques souvenirs, ces fleuves si vantés par les poètes, et dont les noms sont devenus si célèbres, le Céphise et l'Ilissus; cherchez dans l'Asie Mineure ces fleuves si majestueux autrefois, comme le Glaucus et le Xanthe (1); maintenant ce sont à peine de maigres filets d'eau qui roulent dans des lits presque desséchés. C'est que les ruisseaux qui les grossissaient ont tari, et ils n'ont tari que parce que les bois protecteurs de leur berceau ont été livrés à une complète destruction.

Déjà la Tamise, à quelques milles de Londres, est innavigable. La grande entreprise de jonction du Rhin au Danube serait impossible pendant une partie de l'année, par suite des basses eaux du Mein et de la Regnitz. Sur le Danube même, les bateaux restent échoués des jours entiers sur des bancs de sable. Les eaux de plusieurs de nos fleuves, notamment du Rhône, sont tellement appauvries qu'à certaines époques elles ne permettent plus aux navires de remonter leur cours supérieur ; et pendant que les ingénieurs essaient de vaincre dans les lits des rivières les effets de ces inégalités dans leur tenue d'eau, c'est dans le déboisement des hauteurs qu'on devrait en chercher la principale cause.

Autour de nous, dans les Alpes et les Pyrénées surtout, comptez toutes les rivières qui ont entièrement disparu ou qui ont perdu presque tout leur volume !

Dans les régions Pyrénéennes, je citerai l'A-

(1) Savary. Lettres sur la Grèce, *p.* 230.

dour, qui serait d'une utilité si grande pour le commerce de nos montagnes, s'il avait l'avantage d'être navigable ou du moins flottable dans le voisinage de sa source. Cet avantage, il l'avait jadis. M. de La Boulinière rapporte qu'on faisait venir, il n'y a pas un siècle, à bûches détachées, jusqu'à la place Saint-Martin de Bagnères, du bois de chauffage de la vallée de Baudéan et de Lesponne.

Le gave de Pau était jadis flottable presque dès sa source. Il n'y a que peu d'années, les bois de nos vallées destinés aux constructions navales étaient expédiés par eau à Bayonne depuis Pau ; aujourd'hui il faut les transporter à grands frais jusqu'à Peyrehorade, où ils sont embarqués.

« Si l'on consulte les anciens titres et la tra-
» dition, dit M. Dralet, on verra que plusieurs
» rivières, autrefois flottables dans les vallées,
» ont cessé entièrement de l'être, ou ne le sont
» qu'après leur jonction à d'autres rivières dans
» les plaines. Ce malheur est arrivé dans les
» parties de la chaîne (des Pyrénées), où les
» habitans ont exécuté d'immenses défriche-
» mens, tandis que les fleuves et rivières ont
» conservé le volume de leurs eaux dans les
» vallées dont les forêts ont été respectées, et
» dont les montagnes environnantes n'ont point
» été sillonnées par la charrue. »

4

Combien d'autres avantages, non moins incontestables, n'anéantit point la destruction des forêts! Elles préviennent ou arrêtent les avalanches, elles raffermissent le sol, elles préservent les terrains en pente de ces éboulemens terribles qui comblent les ruisseaux et causent des désastres; elles les empêchent de se dégarnir de la terre végétale sous l'action répétée des pluies et des inondations. Que de montagnes parées, il n'y a pas un siècle, de magnifiques sapinières, et dont la nudité sera éternelle, car les arbres, une fois abattus dans certaines régions, n'y repoussent plus!

Les forêts servent de digue aux inondations. Les ravages terribles que les inondations occasionnent dans certaines localités sont si connus (1), qu'il me serait facile de citer des villages emportés presque en entier comme celui de Saint-Lary, par un orage venu de la montagne! Trop souvent les eaux des torrens, grossies par l'orage, se précipitent sur les plaines voisines, ensevelissent les moissons sous des couches de sable et de gravier, et entraînent au loin les troupeaux du pasteur avec les débris de sa chaumière.

(1) Voir dans le *Mémorial des Pyrénées* les détails curieux de l'inondation survenue aux Eaux-Bonnes le 1er août 1850.

Or, ce n'est point (comme l'ont remarqué plusieurs savans), ce n'est point à des faits accidentels comme les pluies d'orage, mais à une cause plus grave, au déboisement des montagnes, qu'il faut attribuer les inondations qui désolent plusieurs contrées. « Il importe donc, dit un » ingénieur distingué, que les digues construites » par la nature, c'est-à-dire les arbres, ne soient » pas arrachés du sol pour qu'ils puissent tou- » jours offrir leur obstacle aux torrens. »

Il est encore un fléau que les forêts seules peuvent conjurer.

Je veux parler des avalanches. Pour se faire une idée de leur puissance destructive, il faudrait les avoir vues tomber du haut des rochers avec leur épouvantable fracas. Il est des lieux voués à leurs invasions périodiques. Lorsque l'avalanche s'écroule, elle déracine les arbres isolés, les rompt par moitié, les courbe ou les couche, et engloutirait des villages entiers s'ils se rencontraient sur son passage. Ce n'est pas seulement l'effroyable masse de neige, précipitée des cimes les plus élevées, qui produit de si terribles ravages; c'est aussi et surtout la colonne d'air qui est poussée devant elle avec tant de violence que tout est brisé avant même d'avoir été touché. Contre les fureurs annuelles de ce fléau périodique, quel bouclier la nature a-t-elle donné à l'homme! Des forêts assez vastes pour leur résister, et assez voisines du lieu où l'avalanche se forme pour la dévier.

Que de villages, comme Andermatt, dans les Alpes, et Barèges, dans les Pyrénées, veillent avec une précaution infinie à la conservation du bois précieux placé sur la pente des monts qui les dominent ! Le jour où ce bois aurait disparu, leur ruine serait inévitable, complète, irréparable.

Je n'insisterai pas sur les bienfaits des forêts sous le rapport physique. Nul ne les conteste, et M. de Martignac, en présentant le code de 1827, avait dit : « La destruction des forêts est » souvent devenue pour les pays qui en furent » frappés une véritable calamité et une cause » prochaine de décadence et de ruine. »

§ III. — Quels sont les inconvéniens moraux et politiques qui résultent du genre de vie des délinquans d'habitude.

Il y a quelque chose d'aussi dangereux peut-être pour la société que la dévastation des forêts, ce sont les hommes qui font métier de les dévaster.

Dans les régions boisées, il se forme ordinairement une espèce de population silvestre d'un caractère spécial.

Je ne dirai rien des *Dendrophores* dont l'origine obscure a tant préoccupé les savans, et dont les corporations existaient dans la Gaule aussi bien que dans l'Italie. Je ne rappellerai pas les anciennes associations des *Bons Cousins des Bois* et des *Charbonniers,* dont les initiés peuplèrent long-temps diverses contrées forestières.

De nos jours, on a souvent entendu parler dans les Pyrénées des *Demoiselles,* c'est-à-dire d'hommes déguisés exerçant la coupe des bois à main armée.

Il existe enfin une population considérable de délinquans d'habitude, qui ont érigé en métier le pillage et la dévastation des forêts d'autrui. Cette industrie passe à leurs yeux pour aussi honnête qu'une autre. Elle est avouée sans honte. Et cela est si vrai que j'ai entendu, dans le sanctuaire même de la justice, des individus interrogés sur leur profession répondre : *Je suis délinquant.*

D'après les statistiques officielles publiées en 1849, le chiffre des condamnés forestiers s'élevait à 94,884.

Or, tous les délinquans ne sont pas saisis, tous ceux qui sont saisis ne sont pas poursuivis, tous ceux qui sont poursuivis ne sont pas condamnés.

Près du tiers des condamnés sont des femmes ou des jeunes filles. Les quatre cinquièmes, dans les pays de montagnes, sont des délinquans d'habitude, insolvables, incorrigibles.

Que l'on calcule par la pensée tout ce qui peut se passer de contraire à la morale dans l'existence nomade de tant de jeunes personnes des deux sexes, se rencontrant chaque jour, chaque nuit, dans les solitudes les plus reculées des forêts les plus inaccessibles.

A peine l'enfant commence-t-il à acquérir quelques forces, qu'il est envoyé au bois de préférence à l'école! On l'instruit à faire son fagot avec plus de soin qu'à apprendre son catéchisme. On profite de l'enfance pour lui faire commettre les délits les plus dommageables, afin que la répression soit évitée ou du moins affaiblie en considération de l'intérêt qui s'attache au jeune âge.

La petite fille a-t-elle grandi? Quelles leçons et quels exemples peut-elle rencontrer au milieu de ces délinquans d'habitude dont les mœurs deviennent presque sauvages comme les lieux qu'ils fréquentent ?

Il serait facile de citer des faits à l'appui de ce que j'avance et de prouver avec des chiffres que les pays les plus féconds en délits forestiers sont souvent aussi les plus féconds en délits de toute autre nature.

Au point de vue politique, ces milliers d'hommes voués à la destruction des forêts doivent attirer encore toute l'attention du gouvernement.

Ces hommes, en général, sont pauvres, paresseux, dénués d'instruction, et accoutumés à ne voir aucun mal dans la violation quotidienne de la chose d'autrui. Ils sont donc dans les meilleures conditions pour être accessibles à toutes les idées de désordre. Ils sont en révolte permanente contre l'autorité. Les gardes, qui sont à leurs yeux la personnification du pouvoir, sont des ennemis qui leur ont fait éprouver bien des échecs, et contre lesquels ils seraient heureux d'exercer des représailles.

Les 94,000 délinquans ne sont pas disséminés dans toute la France : ils sont réunis dans certaines régions, dans certaines communes. Il est des localités, dans les vallées Pyrénéennes par exemple, où ils sont en majorité. Leur réunion fait leur force et peut devenir un danger public.

Je n'exagère rien. Chaque fois que la loi a paru un instant sommeiller et la justice fermer les yeux, aussitôt la guerre a été déclarée non seulement aux forêts, mais encore aux agens qui les gardaient. Les attaques contre la propriété ont dégénéré en attaques contre les personnes.

Je ne remonterai qu'à la Révolution de 89,
voici comment s'exprimait le représentant Poulain Grandprey, dans son rapport au Conseil des
Cinq Cents :

« Au moment du réveil de la liberté, la li-
» cence se plaça à côté d'elle pour défigurer
» son image. Des hommes que l'on a vus depuis
» prendre tous les masques, saisir toutes les
» phases de la Révolution pour en retirer quel-
» que avantage, égarèrent la classe la moins
» instruite du peuple. Alors on vit des citoyens
» se servir des armes que la conquête de la li-
» berté avait mises dans leurs mains, pour re-
» pousser les gardes et dévaster les forêts. »

Il en fut de même dès l'avénement de la République de 1848. Le mot *liberté*, inscrit sur
tous nos drapeaux, fut traduit par le mot *licence*
dans plusieurs vallées des Pyrénées. Les montagnards de la Barousse et de Nistos se réunirent et s'armèrent. Se croyant en droit de tout
faire, parce qu'ils se croyaient les plus forts, ils
défendirent aux gardes, sous peine de mort,
l'entrée des forêts; ils parcoururent la contrée
prêchant la révolte, recrutant les hommes intrépides, rançonnant les personnes inoffensives,
pillant les châteaux, brûlant les registres de
l'administration des domaines, et on ne sait où
leur audace se serait arrêtée, si la Cour de Pau
et le parquet de Bagnères n'avaient pris des

mesures répressives aussi promptes qu'énergiques.

Cette terrible rebellion fut bientôt comprimée; mais tant que le triomphe de l'ordre en France ne fut pas assuré, les délinquans forestiers essayèrent souvent de se révolter, ils ne rentrèrent dans le calme que lorsque la loi eut repris tout son empire. Aujourd'hui ils ont déposé leurs armes, mais ils ont conservé leurs projets et leurs espérances. Que notre pays éprouve encore une commotion révolutionnaire, et ils reparaîtront plus terribles, parce qu'ils prétendent avoir à se venger d'une défaite récente.

Cet état de choses est trop grave pour qu'il ne soit pas digne des préoccupations de tous ceux qui travaillent à l'éducation morale des masses populaires et à la destruction de tous les genres d'insurrection et de désordre.

§ 4. — Quels sont les moyens de réparer le mal déjà fait?

M. Laplagne, ministre des finances, disait en 1847 à la Chambre des Députés : « De tous » les projets d'amélioration publique, il n'en » est pas un qui ait occupé l'attention générale » à un plus haut degré que celui d'entrepren- » dre le reboisement des montagnes. »

La question du reboisement a donné naissance à tant d'études sérieuses, à tant de publications importantes ; tant de fois les chambres législatives, les académies, les comices agricoles, les congrès scientifiques l'ont discutée, qu'il y a témérité à vouloir, même en passant, dire son mot là-dessus, et l'on court le risque, en croyant proposer du nouveau, de reproduire des propositions déjà émises.

L'utilité et l'urgence du reboisement ont été reconnues par tous les conseils généraux. Cette unanimité me dispense de démontrer ce qui l'a été déjà tant de fois. Il y a sur ce point chose jugée ; si le déboisement a été un mal, le reboisement est une nécessité. Un député (1) cependant avait avancé à la tribune que la France était menacée d'avoir des bois dont elle serait embarrassée un jour ; il est facile de lui répondre par des chiffres officiels.

Nous sommes obligés de payer annuellement à l'étranger 60 millions (2) pour le bois nécessaire à notre industrie et à notre marine.

Cette somme s'accroîtra chaque année, car nos forêts vont sans cesse en diminuant.

Elles occupaient jadis une superficie de 20

(1) M. Benoist. Séance de la Chambre des Députés, du 26 juin 1847.

(2) Discours de M. Maissiat sur la proposition de M. Dufournel relative au reboisement.

millions d'hectares. Il n'en restait plus en 1791 que 9,589,000. De 1803 à 1827 la diminution a été de 175,000 ; de 1827 à 1844 de 150,000 ; à cette époque il ne restait plus que 8,787,000.

Dans un demi siècle, un douzième de nos bois avait disparu ; l'Etat et les établissemens publics n'en possédaient qu'environ 3 millions, et les particuliers 5,707,000 hectares.

Ces chiffres produits à la tribune de la Chambre des Pairs, en 1847, ont même été exagérés peut-être. Il était facile de se tromper en comprenant dans le sol forestier des terrains jadis boisés, et qui aujourd'hui sont dépouillés et incultes. Des statistiques récentes ne donnent à la France que 7,073,000 hectares de bois.

Les chênes surtout disparaissent à vue d'œil. Les hautes futaies ont été si peu épargnées qu'il n'en reste plus que 500,000 hectares. On ne les recherche guère ; on ne les laisse point vieillir ; et combien deviennent rares celles qui sont soumises à un aménagement de 160 ans, comme elles devraient l'être pour servir aux constructions navales !

Mais, dit-on, si la France doit pourvoir à l'avenir de la marine nationale et de la marine marchande, il lui est facile de se procurer en Corse et dans la Guyane les beaux arbres que le service réclame.

Pourquoi, lorsque notre sol peut produire le

bois qui nous est nécessaire, nous priver de
ce que nous aurions tout près parce que nous
pouvons l'avoir au loin en traversant les mers?
En temps de guerre nous serait-il facile d'aller
nous approvisionner dans la Guyane? Ne pour-
rait-il pas enfin arriver que cette colonie et la
Corse même vinssent un jour momentanément à
se séparer de nous?

Voici une autre objection. Si l'on doit craindre de manquer de forêts, il ne faut pas s'exposer à manquer de labourable.

Sans doute, il ne faut pas sacrifier l'industrie
agricole à la sylviculture; mais sans appauvrir
l'une, on peut enrichir l'autre. Il est de grandes
étendues de terrains qui ont été toujours ingrats
ou complètement rebelles aux efforts de l'agricul-
teur. Tels sont les sommets quartzeux silicieux
des montagnes primitives, les plaines vaqueuses,
les sables, les plateaux des collines calcaires.

Sur les cimes dénudées des montagnes, sur
les bords incultes des fleuves et des mers, ne
serait-il pas profitable et facile de planter de ces
arbres qui se contentent sur le roc d'un peu de
terre végétale cachée dans les cavités, ou qui,
fouillant le sable dans ses profondeurs, pénè-
trent jusqu'au sous sol?

La possibilité matérielle des reboisemens est
aussi évidente que sa nécessité, mais comment
y procéder?

C'est là une difficulté qui a divisé les conseils généraux, et dont on ne peut se dissimuler la gravité.

On s'étonne du silence du Code sur cette question forestière de la plus haute importance. Plusieurs fois la réparation de cette lacune a été demandée. En 1847, M. Laplagne, ministre des finances, avait présenté sur cette matière un projet de loi qui rencontra une vive contradiction à la Chambre des Députés. M. Dumon, successeur de M. Laplagne, retira ce projet, mais en promettant que le gouvernement, avant long-temps, serait en mesure non-seulement de soumettre un travail complet sur le reboisement des montagnes et la conservation des bois, mais encore de proposer diverses modifications au Code Forestier dont l'expérience aurait fait connaître l'utilité et le besoin (1).

Le moment viendra-t-il enfin où la solution d'une question urgente sera franchement abordée au lieu d'être condamnée à un ajournement indéfini ?

Nous n'essayerons pas de soumettre à une critique sérieuse tous les systèmes de reboisement proposés jusqu'à ce jour. Voici de simples idées que nous soumettons à l'examen du législateur, sans nous inquiéter de ce qu'elles peuvent

(1) Séance du 7 juin 1847.

avoir de nouveau ou d'emprunté, mais avec l'espoir de prouver qu'elles ont quelque chose d'utile et de praticable.

Le moyen le plus prompt d'opérer des reboisemens considérables serait le plus simple.

On remarquera souvent, dans certaines contrées, de beaux arbres, épars au milieu de landes incultes. Ce sont les témoins encore debout, des magnifiques forêts dont l'histoire ou la tradition racontent l'existence et qui aujourd'hui ont disparu !

Il est des pays tellement forestiers que les arbres repousseraient d'eux-mêmes si on protégeait leurs développemens.

Il est de vastes pelouses où la végétation serait superbe si, à mesure qu'elle se montre, elle n'était détruite par la dent des bestiaux.

Rien ne serait plus facile, en arrêtant les abus du pâturage et en défendant certains lieux contre l'invasion des troupeaux, que d'arriver avec peu de frais à de grands résultats.

Déjà la société centrale d'agriculture et le gouvernement lui-même ont proposé des prix et offert des récompenses pécuniaires à ceux qui entreprendraient des travaux de reboisement.

Ces faveurs ont eu peu d'effet, parce qu'elles ont été peu connues. Il est des départemens qui ont obtenu des allocations dont ils n'ont pas su profiter.

Mais les encouragemens de l'Etat, au lieu d'être accidentels et partiels, devraient être continus et généraux.

Il faut leur donner du retentissement; il faut que l'on sache dans quels lieux et sous quelles conditions on peut obtenir des distributions gratuites de graines et de plants, des concessions de prime, une exemption d'impôt pour un temps déterminé.

Si le gouvernement veut que le reboisement s'opère, il doit le dire hautement et faire connaître dans quelle mesure il entend y contribuer.

Il ne doit pas dédaigner d'exciter à des plantations peu considérables. De beaux chênes, même isolés, dans les champs et sur les bordures, pourraient devenir une parure ou une ressource pour l'avenir.

Il y aurait encore quelque chose à faire de plus.

Le reboisement, sur une grande étendue, est une œuvre de longue haleine, et les avantages qu'il promet dans un temps reculé ne peuvent tenter des entreprises commerciales qui sont impatientes de recueillir des bénéfices immédiats.

L'Etat fera des avances, mais il peut attendre, car il ne meurt pas. Les dépenses seront grandes, mais productives. Il sème pour l'avenir et économise des richesses. Il prépare le moyen de s'affranchir du tribut annuel de plusieurs millions portés à l'étranger pour acheter des bois que lui donneront un jour en abondance des terrains et des sables, qui, aujourd'hui, ne donnent rien.

Mais l'Etat n'est point propriétaire des friches et des lieux propres au reboisement. S'il ne l'est pas, il peut le devenir : une expropriation est toujours légitime quand elle a pour cause l'utilité publique.

Depuis Louis XIV, la marine n'a-t-elle pas été pendant longtemps autorisée à marteler et à requérir les chênes à son choix dans les propriétés forestières?

Ne vaudrait-il pas mieux planter et utiliser dans le voisinage des fleuves et des mers des sables aujourd'hui sans valeur pour tout le monde ?

Ce que nous proposons de faire en France n'est pas sans analogie avec ce qui a été fait en Angleterre. Il n'y a pas encore un siècle qu'il fut ordonné par un bill du Parlement que 100,000 acres (environ 40,000 hectares), seraient mis à la disposition de l'amirauté pour être plantés en bois et consacrés aux besoins de la marine. L'Etat ne possédant qu'une très petite partie des terrains nécessaires, a employé tous les ans de 500,000 fr. à un million en achats de terre, en plantations et en culture.

L'Etat doit donc travailler lui-même au reboisement, mais s'il donne l'exemple, il faut tâcher que d'autres le suivent.

D'après les dernières statistiques officielles, l'étendue des landes et bruyères est de 7,799,672 hectares. Ce chiffre atteint presque le tiers de celui des terres labourables, et le septième de la superficie totale de la France.

Sans doute, une partie de ces terrains est condamnée par la nature ou par divers accidens à rester à jamais improductive. Sans doute aussi de vastes jachères sont nécessaires pour le pâturage.

Mais il est des landes, aujourd'hui stériles, qui pourraient facilement être livrées à la fertilisation.

Elles fournissent des pacages, mais ces pacages sont compensés par la perte de l'engrais, et sont d'ailleurs hors de proportion avec les besoins de l'agriculture et des bestiaux.

Ainsi, dans les Pyrénées, les pâturages sont plus que suffisans pour tous les troupeaux du pays ; l'Espagnol y envoie les siens et garde ses forêts.

Il serait donc sans inconvénient de limiter la vaine pâture. Après ce cantonnement, une commission composée de membres du conseil général, de conseillers municipaux, d'ingénieurs, d'agens forestiers désignerait les cimes démantelées, les penchans des collines, les terrains ardus et tous les lieux enfin qui devraient être reboisés.

Les communes seraient obligées de faire des plantations annuelles proportionnées aux ressources de leur budget ou aux subventions que l'Etat pourrait accorder. Ces plantations, peu coûteuses chaque année, parce qu'elles seraient peu considérables, deviendraient, avec le temps, d'une réelle importance, d'une grande valeur.

On pourrait même dans ce but créer une imposition légère et spéciale, qui n'aurait rien d'anormal, puisqu'elle ressemblerait à celle qu'on établit pour l'entretien des chemins vicinaux.

Les communes devraient encore être tenues de faire des prélèvemens sur le produit des ventes. Ces fonds seraient déposés dans la caisse du trésor, afin d'être employés, soit immédiatement, soit après s'être accrus par des intérêts, à un repeuplement de forêts partiel ou sur une grande échelle.

Mais il est des contrées où les landes sont si vastes, que la commune n'aurait pas besoin de les reboiser en entier, ou qu'elle ne pourrait entreprendre elle-même leur mise en culture.

Ne serait-il pas possible de l'autoriser à partager les communaux entre les familles les plus pauvres et les plus laborieuses. Cette répartition ne devrait pas être gratuite. Un prix devrait être stipulé : mais ce prix pourrait être payable autrement qu'en argent.

Un bail serait consenti pour un certain nombre d'années. A l'expiration du terme convenu, les preneurs seraient obligés de rendre le fonds communal, ou bien, s'ils voulaient en devenir propriétaires, de délivrer des plantations faites dans des lieux désignés d'avance et d'une valeur égale à celle du terrain estimé au moment où il leur fut abandonné.

Nous n'en dirons pas davantage. La question du reboisement est hérissée de difficultés que nous n'avons pas eu la prétention de résoudre. Nous avons voulu seulement livrer quelques idées à l'examen de ceux qui, dans ces graves matières, sont appelés à être juges en dernier ressort.

§ V. — Quels sont les moyens de protéger les forêts à l'avenir ?

Si nous devons chercher à créer pour l'avenir des forêts nouvelles, nous devons veiller surtout à la conservation de celles que nous avons et que nous espérons avoir un jour.

Il faut donc empêcher les défrichemens funestes, les abus de pâturage et les délits forestiers.

Or, sous ce triple rapport, le Code de 1827 paraît appeler des modifications aussi profondes qu'urgentes.

Depuis le 13me siècle et surtout depuis l'ordonnance de 1669, la propriété forestière était assujettie en France à une espèce de servitude qui interdisait aux particuliers de défricher leurs bois sans autorisation.

L'article 6 de la loi du 29 septembre 1791 déclara que cette prohibition serait abolie, que chaque propriétaire serait libre d'administrer et de couper ses bois comme il l'entendrait.

Cette liberté donna lieu à des spéculations et des dévastations contraires à l'agriculture et aux intérêts généraux. Douze ans ne s'étaient pas encore écoulés, et les abus du droit illimité de défrichement furent tels, que le législateur se vit forcé de prendre des mesures pour les arrêter.

Il n'osa point donner entièrement la préférence à la législation ancienne sur la législation révolutionnaire : il n'osa ni continuer à affranchir la propriété forestière de toute entrave, ni lui imposer celles qui existaient jadis, il adopta un système mixte. Il reconnut aux propriétaires le droit d'user de leurs forêts comme ils l'entendraient ; mais il suspendit pour un temps déterminé l'exercice absolu de ce droit. Une loi du 9 floréal an XI prescrivit, en conséquence, que pendant 25 ans à compter de sa promulgation, aucun bois ne pourrait être arraché ni défriché qu'après avoir obtenu l'autorisation du gouvernement.

Cette mesure, qui réservait toutes les difficultés pour l'avenir, fut accueillie par le Code Forestier, qui prorogea l'interdiction de défricher jusqu'au 31 juillet 1847. Malgré un projet de loi soumis en 1846, à la Chambre des Pairs, pour demander de rendre définitives les dispositions transitoires du Code, cet état précaire, de prorogation en prorogation, s'est prolongé jusqu'à présent et subsiste encore.

Doit-il cesser enfin? Nul doute selon nous. La question a été suffisamment étudiée ; elle doit être résolue, car on n'a plus rien à attendre de l'expérience, on n'a plus rien à gagner à rester dans l'incertitude.

En 1827, afin de justifier pourquoi on n'établissait pas la prohibition comme une règle permanente, mais comme une exception temporaire, le ministre des finances disait que le temps pourrait changer bien des choses. Les petits propriétaires sont ceux qui sont le plus portés à défricher. Or, disait le ministre, il est possible que dans vingt ans il s'opère des réunions dans ces sortes de propriétés, et que les bois se trouvent en grandes masses dans les mains des grands propriétaires.

Cette prévision pouvait être dans les idées monarchiques qui dominaient avant 1830; mais depuis le progrès des idées démocratiques, la prévision contraire est seule admissible. Le morcellement des héritages s'étend chaque jour sur le sol forestier comme partout, et continue à multiplier les petites propriétés en démolissant les grandes.

Nulle raison sérieuse ne peut faire ajourner aujourd'hui une solution. En consentant en 1847 à une nouvelle prorogation de courte durée, la commission de la Chambre des Députés s'exprimait ainsi par l'organe de M. Félix Réal (1), son rapporteur : « Nous invitons donc » M. le ministre des finances à ne pas différer » une discussion qui doit vider un débat ouvert » depuis 1803, et à ne pas s'exposer aux incon- » véniens d'une législation d'une efficacité tou- » jours précaire, quand elle n'a pas pour elle la » durée et la stabilité. »

Faut-il autoriser d'une manière générale les défrichemens ou leur imposer certaines limites?

Voilà dans quels termes la question doit tôt ou tard se poser.

______

(1) Séance du 10 juin 1847.

Je n'hésite pas à penser que la faculté absolue de défricher ne doive être interdite dans l'intérêt de la conservation des forêts.

Cette opinion a été vivement combattue. Voici les objections les plus graves qu'on lui ait opposées : je les emprunte à un remarquable rapport de M. Beugnot fait à la chambre des Pairs :

« La liberté illimitée accordée à chacun d'user
» de sa propriété est un principe de vie pour le
» corps social ; c'est la source de toute richesse
» agricole. Un système restrictif serait con-
» traire aux progrès de l'agriculture, à la
» bonne conservation des forêts, aux plantations
» et aux reboisemens, ainsi qu'à l'accroissement
» du capital et du revenu national. »

Pour répondre à ces objections, tout ce que j'ai déjà dit me laissera peu de choses à dire.

Il n'est pas de principe que le législateur, aujourd'hui surtout, doive plus respecter que le principe sacré de la propriété.

Le propriétaire est maître de se livrer à toutes les industries, pourvu qu'en les exerçant il n'en résulte pas plus d'inconvéniens pour l'intérêt général, que d'avantages pour l'intérêt privé. Le Code Civil a dit (art. 537) : « Les
» particuliers ont la libre disposition des biens
» qui leur appartiennent, sauf les modifications
» établies par les lois. »

Je crois avoir déjà démontré que l'utilité publique s'opposait à ce que l'on fît abus de la propriété forestière.

La prohibition de défricher, a-t-on dit, sera défavorable à l'industrie agricole. Sans doute, une bonne répartition de la culture ne peut qu'accroître singulièrement les productions du sol national.

Il est évident que l'agriculture et la silviculture gagneraient à la conversion de certaines forêts en terres arables, et de certaines terres arables en forêts.

Mais il n'est nullement établi que la fertilité de la plaine ne fût pas compromise par le déboisement; et il est incontestable que les terrains ardus et les montagnes en éprouveraient d'irréparables dommages.

Il n'est pas établi que les terres déboisées, sans mesure et sans règle, pour être livrées à la charrue, offrissent une augmentation de produits d'une certaine importance ; et il est incontestable que les classes laborieuses éprouveraient du renchérissement du bois des conséquences fâcheuses pour leurs industries et leur bien-être.

La liberté de défricher excitera aux plantations :

Cette liberté excitera bien davantage aux dévastations. D'abord les spéculateurs ne manqueront pas de s'emparer des vastes forêts,

pour réaliser de grands bénéfices dans une entreprise de destruction lucrative.

Plusieurs propriétaires s'exposeront à des regrets tardifs en défrichant leurs bois, soit par
de faux calculs, soit par le besoin d'avoir des
fonds immédiatement, en réalisant le capital
superficiel du sol boisé ; et combien peu songe-
ront à replanter ! combien peu voudront se
priver d'un revenu actuel pour préparer à leurs
enfans ou à leurs neveux des ressources plus
grandes ! combien peu surtout feront fléchir
leur intérêt privé devant les intérêts généraux
du pays ! car aujourd'hui, si on parle beaucoup
de patriotisme, on ne le pratique pas autant.

D'ailleurs les raisonnemens cèdent devant les
faits. L'expérience a été tentée et les désordres
qui suivirent la loi de 1791 suivraient la loi
qui ferait revivre les mêmes principes.

Peut-on dire que le capital et le revenu national gagneraient au déboisement ? Voici comment on a motivé cette objection :

Les forêts aliénées par l'Etat avec autorisation de défricher, se sont vendues un tiers plus
cher qu'elles ne l'auraient été sans cette clause.
Les entraves apposées à la propriété forestière
placent cette propriété au-dessous des autres.

Il est vrai que l'Etat et les particuliers pourraient trouver une augmentation momentanée
de revenus dans la vente de leurs bois.

7

Mais plus tard, lorsque la rareté des combustibles et des arbres nécessaires à tous les besoins de la vie obligerait à aller chercher au loin et à grands frais ce qu'on pouvait avoir à portée et à bon marché, ne regretterait-on pas d'avoir sacrifié le présent à l'avenir, des revenus augmentant progressivement à un capital facile à dévorer, des riches forêts à des champs souvent presque stériles !

Les partisans du défrichement sont forcés de reconnaître qu'il ne pourrait être exercé de plein droit sans dangers dans les montagnes et dans certaines localités.

Mais s'il faut établir une catégorie des terrains qui peuvent être déboisés et de ceux qui ne pourraient l'être impunément, cette catégorie saurait-elle être déterminée d'avance avec exactitude et d'une manière générale ?

Une autorisation spéciale pour chaque cas particulier, après un examen attentif et des explications contradictoires, appréciées par des arbitres éclairés et impartiaux, n'offre-t-elle pas toutes les garanties satisfaisantes pour une saine conciliation des intérêts privés avec les intérêts publics ! S'il y a lieu de se plaindre d'une chose, c'est que cette autorisation a été et sera presque toujours plutôt donnée avec trop de facilité que refusée avec trop de rigueur.

En résumé, la législation française, depuis les

temps les plus reculés et sauf quelques années
d'une épreuve malheureuse, a toujours proscrit
la liberté illimitée de défricher. La plus grande
partie des conseils généraux a exprimé le vœu
que les dispositions actuelles du Code devins-
sent définitives. Le défrichement est impopu-
laire et redouté. Plusieurs fois dans les chambres,
on a proposé de l'autoriser et toujours ces propositions ont été rejetées avec empressement.
Si la permanence de la prohibition n'a pas encore obtenu une sanction législative, on est allé
jusqu'à attribuer ce retard à la complicité du
gouvernement avec des spéculateurs puissans,
tandis qu'on ne devait l'attribuer, je présume,
qu'à de fatales circonstances politiques.

Enfin il faut tout dire, qu'ont fait tous les
gouvernemens qui se sont succédés parmi nous
depuis 89 ?

Ils ont fait faire des études, présenté même
des projets de loi sur le reboisement, et, au
moindre embarras financier, ils ont fait bon
marché de leurs bois les plus précieux.

Ils ont interdit le défrichement des forêts des
particuliers; et pour mieux se défaire des forêts
de l'Etat, ils ont stipulé qu'elles pourraient être
défrichées.

Ils ont de plus choisi pour consentir des
aliénations si regrettables, le lendemain de cha-

que révolution (1), de telle sorte que le prix ne s'est pas élevé à la moitié de ce qu'il aurait été dans des temps paisibles, et qu'on a vu les acquéreurs payer des bois immenses avec le produit d'une simple partie de la superficie.

Si le gouvernement veut sérieusement reboiser la France, il doit s'abstenir de la déboiser lui-même, car il faut des siècles pour voir naître et grandir de vastes forêts, il suffit d'un jour pour les voir abattre et disparaître !

Un autre moyen de préservation des bois, ce serait une bonne organisation du service de l'administration des forêts. Sans doute, le mode de recrutement des agens supérieurs est excellent, et la science forestière lui doit d'incontestables progrès ; mais les agens subalternes ne laissent-ils pas beaucoup à désirer ?

La nécessité de modifier les art. 94 et 98 du Code forestier, relatifs à la nomination des gardes communaux est généralement sentie. Un projet de loi avait été présenté à ce sujet en 1843 à la chambre des pairs qui l'avait adopté.

(1) Loi du 23 septembre 1814 autorise la vente de 300,000 hectares de bois. Loi du 27 mars 1815, de 150,000 hectares. Loi du 25 mars 1831 permet de vendre successivement jusqu'à concurrence de quatre millions de revenu. Deux décrets du 9 mars 1848 permettent l'aliénanation des bois de l'ancienne liste civile et des biens de l'Etat jusqu'à cent millions.

Pourquoi la loi ne fut-elle pas portée à la chambre élective? Pourquoi retarder des améliorations dont l'utilité ne fait plus question?

Ce que l'on peut dire sur ce sujet semble avoir été épuisé, notamment dans les annales forestières, recueil excellent et plein d'intérêt. Cependant je me permettrai quelques observations que j'ai pu recueillir ou vérifier moi-même.

Aujourd'hui les communes ont en quelque sorte le droit de nommer leurs gardes. Voici les inconvéniens qui en résultent : Chaque commune veut avoir son garde, de telle sorte qu'il en existe un nombre infini. Les communes n'en ont pas moins de 6,117, pour surveiller 1,610,557 hectares de bois, tandis que l'Etat n'en emploie que 1930 pour 927,469 hectares.

La multiplicité des gardes entraîne la modicité des salaires, et la modicité des salaires la mauvaise composition du personnel.

Il est des gardes communaux qui n'ont que 30 fr. par an. A ce prix, on ne peut avoir que des hommes incapables ou malhonnêtes, invalides ou livrés à d'autres occupations.

Il faudrait que l'administration forestière chargée de la circonscription des triages fut autorisée à réunir sous la surveillance d'un même garde, les bois de diverses communes. Le nombre de ces gardes serait moins considérable, et par conséquent les bons choix deviendraient plus faciles. Une certaine capacité est indispensable pour dresser un procès-verbal, car des nuances souvent délicates dans le fait à constater peuvent entraîner des différences notables dans le droit à appliquer.

La diminution du nombre des gardes permettrait aussi l'augmentation de leur salaire. Ce salaire pourrait avoir la même base que celle qui est adoptée dans les forêts domaniales : on donne 1 fr. par hectare surveillé et la surveillance s'étend ordinairement sur 500.

L'espoir d'une retraite serait encore un moyen d'attacher l'existence du garde à l'exercice de ses fonctions.

Enfin pour fortifier autant que possible l'action de l'administration forestière sur ces agens subalternes, je voudrais lui attribuer leur nomination. Elle a plus que tout autre la possibilité de faire de bons choix, et intérêt à n'en faire que de bons.

On est assez d'accord pour retirer cette nomination aux communes, mais on a proposé de la conférer au préfet.

Un préfet est exposé à des influences politiques qui l'emportent quelquefois sur les considérations de service. Je sais des délinquans, qui grâce à des protections puissantes, ont été nommés gardes malgré la résistance de l'administration forestière. Je voudrais que le préfet put révoquer les gardes communaux qui se feraient les propagateurs des mauvaises doctrines; je voudrais qu'il eut sur eux une autorité et une action réelles; mais je crois que l'assimilation qu'il me semble utile d'établir entre le garde domanial et le garde communal doit exister aussi pour un mode identique de nomination.

L'état actuel des choses ne saurait se maintenir, on le reconnaît, et comment se fait-il qu'une question qui n'est plus douteuse pour personne, dont la solution est partout demandée, et toujours promise, soit constamment ajournée?

§ VI. — Quels sont les caractères d'inefficacité et d'injustice que peut offrir le système répressif actuel?

Toutes les mesures que pourrait prendre le législateur pour le repeuplement et la conservation des forêts seraient vaines, si elles n'avaient point une sanction pénale propre à réprimer les dévastations criminelles.

Je n'irai point rechercher l'origine des premières lois forestières dans les lois que les décemvirs rapportèrent de la Grèce. Je ne remonterai même pas aux sources de la législation française sur ce sujet, à la loi salique, aux capitulaires de Charlemagne et de Louis le Débonnaire. Je n'ai point ici désir de faire de l'histoire; cependant qu'il me soit permis, en passant, de signaler aux historiens du droit un fait assez remarquable.

D'après Dalloz, le plus ancien exemple connu d'un essai de réglement forestier sur les délivrances se trouve dans les archives de l'Alsace. Schoefflin *(Alsatia Diplomatica)* lui donne la date de 1144, et Anton le cite comme un phénomène pour le siècle auquel il appartient. Déjà le vieux For Béarnais de 1080 contenait des dispositions sur les forêts, et le législateur de 1827 semble s'être inspiré d'un réglement du seigneur et de la Cour de Morláas en 1279 (1).

D'après l'article 546 du For, celui qui coupera ou écorcera des arbres sera puni d'une *amende* qui varie selon l'importance du délit. L'article 192 du code forestier porte une disposition analogue.

Art. 246 et suivans du For : confiscation de l'instrument avec lequel il aura été coupé, écorcé ou enlevé des arbres. Art. 198 du code forestier. Même disposition.

Les articles 246 et suiv. du For distinguent la coupe de l'enlèvement.

(1) **Fors de Béarn**, *p.* **212, 96 et s. Pau. Vignancour. Traduction enrichie de savantes notes, par MM. Hatoulet et Mazure.**

Même distinction dans le code.

L'article 247 du For distingue l'enlèvement fait à dos d'homme et l'enlèvement fait par le bétail. — Dispositions analogues dans l'article 194 du code forestier.

L'article 247 du For s'occupe des mesures à prendre pour reconnaître l'identité des délinquans. L'article 163 du code forestier s'en occupe aussi.

D'après les articles 247 et 248 du For, le maître ou le messager était cru sur son serment pour la conviction du délit.

D'après l'article 196 du code forestier, le procès-verbal du garde forestier fait foi jusqu'à inscription de faux.

Les articles 248 et s. du For établissent des peines différentes selon la nature des arbres.

L'article 192 du code forestier fait une distinction analogue.

Ces analogies, que nous pourrions étendre davantage, n'ont-elles pas quelque chose de curieux ?

Les rois de France, depuis Philippe le Hardi, ont publié sur les forêts des ordonnances trop nombreuses, pour que je veuille ici les mentionner. La plus célèbre, celle qui est connue de tous, est l'ordonnance de 1669.

Le code forestier de 1827 a-t-il fait mieux ?

Cela a été mis en question. J'accepterai cependant assez volontiers l'avis de M. Dupin, qui a dit : « On peut affirmer que le nouveau code » forestier est préférable à l'ancienne ordon- » nance de 1669 ; d'abord, parce qu'on a con- » servé de celle-ci tout ce qu'une longue expé- » rience avait fait juger bon, ensuite parce qu'on » a supprimé ou modifié tout ce que le cours » des temps avait démontré ne devoir plus sub- » sister. »

Le temps ne serait-il pas revenu, en conservant de la législation nouvelle ce qu'elle a de bon, de lui faire subir, surtout dans son système répressif, des modifications essentielles dont l'expérience a constaté la nécessité?

M. de Martignac, dans l'exposé des motifs du code forestier, lu à la chambre des députés le 29 décembre 1826, s'exprimait ainsi sur l'ordonnance de 1669 :

« Les peines qu'elle prononce ont cessé d'être » en proportion avec les délits qu'elle était des- » tinée à punir et en harmonie avec nos mœurs. » Il a dû souvent en résulter une *déplorable* » *impunité*... Elle prononce dans des cas nom- » breux *des châtimens corporels* et des *peines* » *arbitraires*. Nos lois, d'accord avec nos mœurs, » ont rejeté les premiers, et le mot *arbitraire* a » été pour jamais rayé par nos lois de la légis- » lation française? »

Le but que le législateur moderne se proposait l'a-t-il atteint?

Il voulait éviter *une déplorable impunité*, et, d'après le système actuel, l'impunité est légalement et de plein droit assurée à l'immense majorité des condamnés.

Il voulait écarter les *châtimens corporels*, et, en résultat, les délinquans, la plupart dans l'impossibilité de payer le montant des condamnations, subissent une incarcération plus longue que si la peine de l'emprisonnement eût été prononcée directement contr'eux. Il voulait rayer le mot *arbitraire* des lois, et l'*arbitraire* triomphe plus que jamais.

Il en coûte à un magistrat de faire le procès à la loi ; mais l'injustice et l'inefficacité des dispositions pénales du code forestier sont trop sensibles dans l'application pour qu'on puisse les passer sous silence.

Un des plus grands griefs contre l'ordonnance de 1669, c'est qu'elle prononce des *peines arbitraires*. Je n'approuve pas, mais je comprends les peines arbitraires. On peut dire qu'un bon juge vaut mieux qu'une bonne loi, et que l'appréciation par sa conscience d'un fait spécial est souvent plus équitable que l'application rigoureuse d'une disposition générale. Mais ce que je ne puis approuver ni même comprendre, c'est l'arbitraire dans l'exécution d'un jugement laissé à ceux qui ne l'ont pas prononcé, et qui ignorent les motifs qui l'ont fait prononcer.

Le code forestier n'inflige que dans deux cas seulement la peine de l'emprisonnement. Les solvables sont quittes et libérés en payant l'amende. Ceux qui ne veulent ou qui ne peuvent point la payer sont contraignables par corps. D'après l'art. 213 du code forestier, pour ceux-ci une peine corporelle, graduée suivant le montant des condamnations, est substituée à la peine pécuniaire, à laquelle ils n'ont point satisfait. La durée de l'incarcération est fatalement fixée à quinze jours, un mois, deux mois, quatre mois.

Cette contrainte doit-elle être exercée contre tous les condamnés insolvables?

Non. Les receveurs de l'enregistrement et des domaines, chargés par l'article 210 du code forestier, du recouvrement de l'amende, sont maîtres d'user ou de ne pas user de la contrainte selon leur bon plaisir.

C'est ce qui résulte d'une décision du ministre des finances du 2 novembre 1829, conçue en ces termes : « Considérant qu'aux termes des » articles 211, 212 et 213 du code forestier, » l'exercice de la contrainte par corps ne peut » être considéré comme étant obligatoire pour » l'Etat, et qu'il ne s'agit que d'une faculté dont » l'administration peut *user suivant que la me-*

» *sure est utile*, soit pour amener le délinquant
» à se libérer, s'il est solvable, soit pour rem-
» placer à son égard par *une peine corporelle*
» le paiement de l'amende, s'il est insolvable. »

Ainsi donc, voilà une administration appelée
à décider *s'il est utile* qu'un arrêt reçoive ou
ne reçoive pas son exécution, qu'une *peine corporelle* soit infligée ou ne le soit pas.

Aucune règle ne peut restreindre ce pouvoir
exorbitant des agens de l'administration ou leur
servir de guide.

On ne leur dit pas : *Incarcérez les délinquans
d'habitude*, et laissez les autres, parce qu'on ne
peut pas le leur dire. Car il faudrait préciser le
chiffre des condamnations qui constituerait l'état
d'habitude ; et, avant d'avoir atteint ce chiffre,
le délinquant, en commettant des délits, joui-
rait d'un bill d'indemnité.

Dans quelle mesure est-il fait usage de la
faculté de contraindre par corps les délinquans?

D'après le dernier compte général de l'administration de la justice en France, sur 94,809
condamnés à l'amende, et 75 à l'emprisonnement, il n'y a eu d'incarcérés que 3,709 insolvables et 459 solvables. Restent 90,719 condamnés non incarcérés.

Combien se sont libérés par le paiement du
montant des condamnations. Je n'en connais
pas le chiffre général ; mais je sais que dans cer-

tains bureaux des domaines, ce chiffre n'atteint pas les 2/12 des condamnés. Il ne saurait être nulle part très élevé, car ordinairement les maraudeurs d'habitude appartiennent à la classe la plus pauvre.

Ainsi donc, voilà des individus également insolvables, également condamnés par des délits identiques, dont les uns éprouveront une longue privation de leur liberté, tandis que le plus grand nombre n'aura ni un centime d'amende à payer, ni un jour d'emprisonnement à subir.

Le chef de l'Etat ne fait grâce, le juge n'atténue la pénalité qu'après un mûr examen; mais l'administration des domaines, quel moyen a-t-elle de ne pas se tromper dans l'exercice du pouvoir exhorbitant qui lui est donné?

Elle ne connait ni le délit ni le délinquant. Ses renseignemens n'ont pu être puisés qu'auprès des agens les plus subalternes, et, par conséquent, les plus accessibles à diverses influences.

Les délinquans les moins indigens ne sont pas les moins protégés.

Je le dis, parce que c'est la vérité; il est affligeant de voir les prisons se remplir de vieillards, de nourrices, d'idiots même, incarcérés souvent deux fois dans la même année, tandis que d'autres individus, frappés d'innombrables condamnations, ont trouvé toujours le moyen de n'en subir aucune !

Très souvent encore, les délinquans désignés, soit qu'ils fussent malades au moment de la désignation, soit qu'un long intervalle se fût écoulé depuis le jugement, étaient décédés au moment où les agens de la force publique se présentaient pour les incarcérer !

J'ai entendu dire, enfin, lorsque les partis politiques, ou ce qui est pire, des passions locales, étaient aux prises, que le droit de dresser la liste des individus à faire arrêter, était devenu un instrument d'élection ou de haine, et que les consciences avaient été violentées pour voter, par la crainte de l'incarcération ou l'espoir de l'impunité, en faveur de telle opinion ou de telle coterie.

Je veux que cela soit faux, que cela ne soit jamais arrivé et ne doive arriver jamais ; mais cela est un mal, puisque c'est possible. Ce serait encore un mal lors même qu'il n'y aurait de possible que cette supposition. Il est fâcheux pour la loi que des personnes puissent dire, et que d'autres puissent croire, que la partialité préside à son exécution. Il est fâcheux que des fonctionnaires ne soient pas même à l'abri du soupçon, et qu'en leur laissant un pouvoir arbitraire on les expose à l'accusation calomnieuse sans doute, mais presqu'inévitable d'en faire quelquefois mauvais usage.

Le législateur de 1827 n'a pas été heureux, en voulant rayer *l'arbitraire* de nos codes; il ne l'a pas été davantage en proscrivant les *peines corporelles*.

Voici ce qui arrive souvent :

Un malheureux, pressé par les rigueurs de l'hiver, va couper quelques branches d'arbre dans la forêt voisine pour faire chauffer les alimens de ses enfans malades. Il est poussé par des camarades qui l'entraînent, et qui sont condamnés avec lui. Il payerait son amende; mais comme il ne peut payer pour tous les autres, ainsi que la solidarité des condamnations l'y oblige, il doit rester en prison pendant deux longs mois entiers.

S'il eût volé la bourse d'autrui pour acheter le pain nécessaire à sa famille, ses bons antécédens, son repentir, la contrainte morale résultat d'un moment de besoin extrême, lui auraient valu des circonstances atténuantes, et quelques jours d'emprisonnement auraient paru suffisans peut-être comme expiation d'une première faute.

Pour les délits ordinaires, il est permis au juge de tenir compte des motifs d'atténuation, qu'il trouve dans une cause; pour les délits forestiers, des employés subalternes pourront bien rendre les condamnations illusoires, mais les juges ne pourront pas les adoucir.

Si la peine est quelquefois trop rigoureuse, presque toujours elle est trop faible, et, par conséquent, sans efficacité.

Je parlerai ici des délinquans des Pyrénées, parce que j'ai pu observer moi-même ce que je vais avancer, et que mes observations pourront être étendues aux pays de montagnes, où se commettent les délits les plus nombreux.

On hésite à choisir pour l'incarcération des insolvables l'époque des récoltes ou des eaux thermales. Ce serait condamner toute une famille aux horreurs de la misère, pour le reste de l'année. Ce serait ne lui laisser d'autre ressource que la charité publique, car, pour plusieurs, dans ce pays là, l'industrie qui fait vivre n'a qu'une saison et ne dure que peu de temps. C'est donc pendant l'hiver que les incarcérations doivent être poursuivies.

Presque partout aujourd'hui les prisons ont été rebâties ou du moins réparées. Une philantropie, poussée jusqu'à l'exagération, a fait quelquefois d'un lieu d'expiation et de châtiment, un séjour préférable au foyer domestique pour la plupart des pauvres de nos campagnes.

Il faut avoir vu, au fond des vallées lointaines, la vie du pâtre des Pyrénées, pendant que la neige ensevelit sa demeure, pour se faire une idée des privations qu'il a souvent à endurer !

Quelle différence entre une prison bien aérée, rechauffée par le soleil ou des calorifères, et la chaumière exposée à tous les vents, recouverte d'un toit de glace, où l'hiver l'enferme pendant de longs mois !

Chez lui, il n'a point d'autre nourriture que le maïs et le laitage. En prison, du bœuf et un ordinaire comme il en voit rarement les jours de fête. Chez lui, isolement et solitude, car sa famille et les personnes aisées ont abandonné les hautes montagnes pour descendre dans le village voisin ! en prison, société de nombreux camarades, des distractions et une douce chose, le repos. Chez lui, s'il est malade, privation des remèdes et des médecins qui coûtent cher. En prison, chaque matin, un médecin habile le visite, et, au moindre mal, il trouve dans une bonne infirmerie les soins les plus désintéressés.

Il est captif, mais sa captivité n'emporte aucune idée de flétrissure, car elle est partagée par de nombreux délinquans de son village, qui ne rougissent nullement d'exercer le même métier et d'en subir les conséquences !

Une détention, souvent répétée, en mettant ceux qui ont commis des délits forestiers en contact avec ceux qui ont commis des crimes, peut les perdre au lieu de les améliorer ; elle les habitue à la vie des prisons, et les familiarise avec la honte et l'effroi que ce séjour devrait toujours inspirer.

Ce sont de graves inconvéniens qui sont dignes d'être pris en grande considération. J'aurais pu en découvrir d'autres, mais ne suffirait-il pas d'avoir signalé l'arbitraire qui permet de choisir les jugemens à faire exécuter, et qui autorise l'inexécution du plus grand nombre !

J'appliquerais volontiers ici les paroles énergiques de M. Rouher, ministre de la justice, qui disait : « Je pose cet aphorisme, que l'inef- » ficacité des arrêts de la justice, c'est le symp- » tôme de la décrépitude de l'autorité, c'est le » symptôme de l'affaissement de la civilisation » et du pouvoir ! »

§ VII. — Quelles sont les modifications pénales qui me semblent utiles et praticables ?

Je crois avoir fait ressortir les imperfections du système répressif adopté par le code. Je ne me suis attaché qu'aux plus saillantes. J'ai indiqué le mal ; quel en est le remède ? L'un est toujours plus facile à signaler que l'autre à découvrir.

Si les mesures que je vais proposer paraissaient incomplètes ou défectueuses, je serais

heureux, du moins, qu'elles pussent en provo-
quer de plus utiles et de plus propres à protéger
nos forêts trop long-temps dévastées.

Je voudrais d'abord que la promesse de rayer
l'arbitraire du code devint une vérité ; que par
conséquent nulle condamnation ne fût commi-
natoire, mais que toutes fussent d'une exécution
facile, inévitable, égale contre tous.

Je voudrais ensuite que les peines eussent
assez d'efficacité, je ne dis pas pour arrêter
tous les délits, mais pour rendre la profession
de délinquant impossible. Comment atteindre
ce double but?

Un délinquant est condamné à une amende.
Pour arriver à l'exécution du jugement, il faut
l'intervention de l'administration forestière, de
l'administration des domaines, des officiers mi-
nistériels, du parquet et de la gendarmerie.
Ils ne peuvent agir les uns sans les autres, et
chacun d'eux peut entraver l'autre. L'amende
est de 2 fr. je suppose : voici les formalités qui
l'accompagnent et qui peuvent l'élever à 40 fr.

Décomposons les frais :

Frais de timbre du procès-verbal et de la
copie,

Frais d'enregistrement du procès-verbal et
de la citation,

Ecriture de l'original de la citation,

Copie de l'exploit,

Minute du jugement,

Amende et décime,

Dommages-intérêts et restitution, s'il y a lieu,

Coût de l'extrait du jugement,

Timbre et enregistrement de la signification,

Original de l'exploit et copie,

Commandement (papier, original, copie, transport),

Frais de capture.

Ces frais nombreux pourraient-ils subir quelques réductions ?

L'amende devrait être la somme principale, et elle est toujours depassée par les accessoires. Le taux de l'amende a déjà été abaissé. Il est moindre que du temps de Louis XIV, malgré la dépréciation de la monnaie. L'amende est la peine : son chiffre connu de tous doit être assez fort pour produire une intimidation suffisante. Il faudrait donc se garder de l'amoindrir. Quelques conseils généraux ont émis le vœu qu'on laissât aux juges la faculté d'admettre les circonstances atténuantes, je crois qu'il y aurait danger à le faire, parce que cette faculté, dont les juges correctionnels usent chaque jour davantage (1), pourrait énerver singulièrement la répression.

(1) Sur 1000 condamnés correctionnels, l'article 463 du Code pénal a été appliqué en 1844 à 496 ; — en 1845 à 500 ; — en 1846 à 510 ; — en 1847 à 581.

On a proposé encore d'ordonner par addition à l'article 170 du Code forestier que tous les procès-verbaux en matière forestière fussent visés pour timbre et enregistrés gratis. On s'est mépris en invoquant à cet égard l'intérêt du trésor ; car ces formalités ne lui sont pas coûteuses et peuvent lui être productives.

Mais voici une amélioration qui me paraîtrait mériter une attention sérieuse.

Je trouve un grave inconvénient à laisser fixer les dommages intérêts par une disposition générale, comme l'article 202 du Code forestier. Je voudrais qu'ils fussent fixés par le juge d'après un réglement spécial à chaque localité.

Ainsi, par exemple, l'abattage d'un hêtre de deux mètres de circonférence donne lieu à cinquante-six francs de dommages-intérêts, parce que c'est le taux de l'amende.

Dans certaines vallées des Pyrénées, la valeur vénale d'un pareil arbre sur les lieux de l'exploitation n'atteint guère que deux ou trois francs.

La réparation civile ne devrait pas excéder le taux du préjudice réellement causé.

Cela serait plus juste et protègerait mieux les forêts que de promettre à certains particuliers, s'ils laissent dégrader leurs bois, une indemnité dix fois plus forte que la perte occasionnée par les dégradations commises.

Parmi les formalités dont j'ai donné le détail,

celle dont il me semblerait le plus utile de ré-
duire les frais, c'est le commandement. Le coût
de ce commandement avec les droits de transport n'est pas moindre quelquefois de dix francs.
C'est énorme. Ne serait-il pas possible d'introduire dans la loi une disposition qui permettrait
aux gardes forestiers chargés des autres signi-
fications, de remplacer aussi pour cet acte de
procédure le ministère de l'huissier? Le commandement, au lieu de coûter dix francs, ne
coûterait que cinquante centimes, comme les
citations données par les gardes.

Cette modification me paraît très rationnelle;
car il est étrange que les premiers frais dirigés
contre les solvables soient très minimes, tandis
que les derniers, qui ne sont en général dirigés
que contre les insolvables, sont excessifs.

Remarquez encore que l'indigent qui, dans
l'impossibilité de payer l'amende, voudrait se
libérer par l'emprisonnement, n'aurait aucun
moyen de se soustraire à l'accroissement de frais
qui vont la grossir. Le chef du parquet ne peut
donner l'ordre d'incarcération que lorsque l'administration des domaines l'a demandé, et celle-
ci ne peut le demander qu'après l'épuisement
régulier de toutes les formalités de procédure.

C'est un inconvénient pour le condamné; c'est
une charge pour l'Etat.

L'avance des frais est hasardée par le gouvernement. Ils sont perdus complètement lorsque le délinquant ne peut les acquitter.

L'Etat a donc intérêt à rendre les actes de procédure aussi peu dispendieux que possible ; car je pose en fait que dans certains bureaux les sommes remboursées par les solvables ne compensent pas les sommes employées dans les poursuites infructueuses contre les insolvables.

Je comprends que l'amende ne peut être dégagée de tous ses accessoires, parce que si l'on doit rendre certaines formalités moins onéreuses, ces formalités mêmes ne sauraient être imprudemment supprimées.

Voici une mesure qui me semblerait économique et sage.

Je voudrais qu'en cette matière l'administration des domaines jouît du droit, dont jouissent du reste d'autres administrations, de transiger après et même avant le jugement sur le total des frais auxquels le délinquant s'est exposé.

On ne saurait trop faciliter, dans l'intérêt de l'Etat et dans l'intérêt du condamné, une libération pécuniaire.

L'Etat a plus de bénéfice à toucher une petite somme qu'à en exiger une grande, en courant la chance de perdre des avances considérables et d'être obligé de nourrir le délinquant en prison.

Le délinquant de son côté peut avoir des raisons particulières à faire valoir pour convaincre l'administration des domaines de l'impossibilité où il se trouve d'acquitter les frais en totalité, tandis qu'il pourrait les acquitter en partie. Cela est évident. Ainsi, par exemple, la solidarité existe de droit entre les condamnés pour le montant des condamnations, et cependant il peut arriver que sur douze condamnés, dix eussent payé leur part, tandis que deux récalcitrans empêchent qu'aucun ne paie, parce qu'aucun ne veut payer pour les autres.

Cette transaction pourrait avoir d'autres effets excellens. Tel individu est plus puni en payant cinq francs que tel autre en payant dix francs. Aujourd'hui lorsque le délit entraîne cinquante francs d'amende, le maximum de la durée de l'incarcération est appliqué; il en résulte que celui qui sait avoir commis ce délit peut, sans craindre une augmentation de peine, commettre les dévastations les plus désastreuses. Avec l'espoir d'une transaction après examen, en commettant un délit, on songerait à le commettre aussi petit que possible, parce que la somme à payer serait toujours proportionnée au dommage causé.

Enfin, plus il serait accordé au délinquant des facilités pour se libérer en argent, plus il trouverait de bénéfice à éviter la détention. Il n'arrive que trop souvent aujourd'hui que des

hommes, effrayés par l'énormité des frais, ne
font aucun effort pour chercher dans leur travail
les moyens de les acquitter. Ils se disent : « Si
» je paie, je m'imposerai des privations trop
» dures : si je vais en prison, je gagnerai en
» deux mois ce que j'aurais dû payer, et qui
» équivaut bien à quatre mois de travail. »

J'aborde maintenant un autre ordre d'idées.

L'indigence est complète. Les frais, même
diminués par une sage transaction, sont au-
dessus des ressources du condamné. Il voudrait
payer et il ne le peut pas. Faut-il que le pauvre
paye de sa liberté ce que d'autres paient de leur
bourse, et ne pourrait-on trouver un autre
mode de libération à sa portée ?

En Allemagne, les prestations en nature for-
ment une pénalité consacrée par la loi. Les
économistes en ont étudié les effets et s'accordent à en reconnaître les avantages. En France,
la conversion de l'amende en prestation a été
plusieurs fois demandée. Cette conversion facultative me paraîtrait servir les intérêts de
l'Etat et favoriser les condamnés.

L'Etat économiserait les frais d'un stérile
emprisonnement et profiterait des produits d'un
travail utile. Je ne reproduirai pas ici les calculs
qui ont été déjà faits sur les bénéfices approxi-
matifs que le gouvernement retirerait de cette
mesure.

Elle serait surtout avantageuse au délinquant;

Elle le châtierait sans ruiner sa famille ;

Elle lui enseignerait à respecter les forêts en l'obligeant à réparer lui-même autant que possible le mal qu'il leur aurait fait.

Le pauvre comme le riche serait maître de s'affranchir d'un châtiment corporel, et d'éviter dans une détention humiliante le contact des malfaiteurs, contact si pénible pour l'honnête homme, si contagieux pour l'homme d'une probité flottante.

Le recours à des mesures de rigueur deviendra plus rare ; mais le maraudeur ne veut payer l'amende d'aucune façon ; il faut donc le contraindre.

Dans ce cas de mauvais vouloir flagrant, la contrainte ne devrait pas être facultative, mais obligatoire ; elle ne devrait pas décimer quelques délinquans arbitrairement choisis ; mais les atteindre tous sans distinction ni faveur.

Il faut que l'on sache que ceux qui ont subi également le délit en subiront également l'expiation.

La certitude d'une répression diminuera singulièrement le nombre des insolvables, et fera rentrer au trésor des sommes considérables qui n'auraient jamais été recouvrées.

On sait avec quelle incorrigible facilité s'accordent aujourd'hui les certificats d'indigence.

Comment un maire peut-il refuser cette faveur à ceux qui lui refuseraient leur suffrage aux prochaines élections, s'il se montrait trop sévère? Le percepteur est là, dira-t-on; mais combien de fils de famille, dont les parens sont riches, sont classés parmi les pauvres, parce qu'ils ne paient point d'impôt.

Pour leur éviter la prison, on paiera pour eux; mais on se garde bien de payer si on peut les libérer à meilleur marché avec un simple certificat d'indigence.

Va-t-on me dire que si l'incarcération de tous les contraignables par corps est juste, la possibilité des prisons s'y oppose?

Je crois que les incarcérations à faire seront bien réduites d'après le système que j'ai exposé; et je crois aussi que si elles avaient lieu avec ordre, les prisons se prêteraient à recevoir un plus grand nombre de détenus qu'elles n'en reçoivent dans ce moment.

Mais enfin, en cas d'encombrement, on pourrait mettre en liberté quelques-uns des détenus avant l'expiration du terme fatalement fixé par la loi. Le procureur de la République, après avoir pris l'avis de l'administration des domaines, ferait sortir les plus indigens et les plus dignes d'intérêt.

Une détention abrégée n'a pas les inconvéniens d'une absence complète de répression.

Cette faveur exceptionnelle serait chanceuse, et il ne serait point permis d'y compter d'une manière certaine. Elle ne serait accordée qu'à la bonne conduite; il serait donc utile qu'on provoquât à la mériter.

J'ai signalé les dangers de toute nature qu'offrent ces délinquans d'habitude contre les forêts et même contre l'ordre social. Plus on les frappe de condamnations, plus ils commettent de ravages. Ils paient l'amende d'un délit avec le profit d'un autre délit. S'ils sont surpris un jour, ils cherchent à être quittes en multipliant leurs dévastations, de telle sorte qu'il devient impossible qu'on les surprenne chaque fois. On a souvent entendu murmurer devant le tribunal ces paroles : « Condamnez-moi; c'est le » bois qui paiera l'amende. » Il importe d'autant plus de sévir contre eux que nul sentiment d'honneur ne les arrête. Il ne rougissent pas d'un métier, qui est celui de leur père, de leurs camarades, de la majorité des habitans du village. Leur conscience même est à l'aise, et le curé du lieu est obligé de se montrer indulgent pour ne pas repousser de l'autel presque tous ses paroissiens.

Les hommes les plus honorables semblent même les justifier, en disant : « Il faut que tout le monde vive, il faut que ces indigens coupent du bois ou qu'ils meurent de faim. »

Cette objection paraîtra étrange à ceux qui n'ont pas été, comme moi, accoutumés à l'entendre répéter.

C'est pour la rendre impossible que j'ai proposé d'abord le partage des biens communaux incultes : on déplacerait ainsi l'industrie actuelle de milliers de délinquans, en leur créant une occupation licite; on leur apprendrait à respecter la propriété d'autrui, en les rendant propriétaires; on les détournerait de leurs habitudes de destruction, en leur donnant des habitudes de travail et d'économie.

Et lors même qu'il n'en serait pas ainsi, je poserai ce dilemme : « Ou il faut protéger les forêts, ou il faut les abandonner à une ruine inévitable. »

On veut les protéger : il faut donc employer des moyens de protection efficaces.

Or, s'il faut se montrer indulgent pour quelques délits accidentels et isolés, il faut être sans pitié pour les délits répétés et habituels.

Afin que la répression soit efficace, je ne veux pas qu'elle soit cruelle. Je proteste au nom de l'humanité contre certains supplices destinés, dit-on, jadis dans certains pays à effrayer et à punir les dévastateurs forestiers, supplices tellement affreux que je m'étonne qu'il y ait eu des hommes assez cruels pour les appliquer, et même que l'imagination humaine ait pu en concevoir l'horrible idée (1).

Cherchons un système répressif en harmonie avec les mœurs et les besoins actuels.

Voici ce que je proposerai.

La peine du premier délit serait en général une amende, telle qu'elle est actuellement fixée par le Code.

Cette peine devrait être augmentée et même accompagnée d'un emprisonnement facultatif pour réprimer les dégradations commises dans les forêts qui préservent certaines localités de fléaux destructeurs comme l'avalanche.

Un châtiment exceptionnel est nécessaire, comme moyen énergique d'intimidation, afin de protéger des bois d'une utilité exceptionnelle. Il faut que les délinquans s'habituent à respecter

(1) Les lois des Lombards ordonnaient que celui qui abattait un arbre de réserve ou qui en enlevait seulement la marque, eût le poing coupé ou perdît la vie. *Leges Longobardicæ.* L. i. Cap. i. Art. 138 et 1. — Nous répugnons à citer en entier un passage de Grimm relatif aux forêts de marches allemandes ; en voici seulement une des dispositions les plus douces ; elle fera juger de l'atrocité des autres : « *On est encore d'avis que si quelqu'un* » *écorce un arbre sur pied, on l'ouvrira par le nombril,* » *on attachera ses intestins avec un clou de fer à cheval,* » *à l'endroit même où il avait commencé à écorcer,* » *puis on les tirera autour de l'arbre jusqu'à ce qu'il* » *couvre tout l'espace qu'il a écorcé, dût-il ne pas con-* » *server un seul intestin intact.* » MICHELET. Origines du Droit Français.

ces lieux, en disant : « Le profit que j'en retirerais ne serait pas plus grand qu'ailleurs, et je m'exposerais à une punition plus terrible. »

Je pourrais, à l'appui de ce que je demande, invoquer des monumens de jurisprudence.

Les lois romaines se montraient plus sévères contre ceux qui dévastaient les arbres employés en Egypte à la construction des digues qui retenaient le Nil (1).

Aujourd'hui encore, dans quelques pays, on croit, et on laisse croire, que le Code a laissé subsister dans certains cas particuliers une juridiction extraordinaire.

J'ai déjà parlé du bois qui sauve Barèges des invasions de l'avalanche. Un édit de 1732 infligeait une peine très forte à ceux qui le dégradaient. Un décret du 30 prairial an XII, et un arrêté préfectoral du 2 février 1815, approuvé le 18 mars suivant, déférèrent la connaissance spéciale de ces faits au Conseil de Préfecture des Hautes-Pyrénées. Aujourd'hui encore le Conseil de Préfecture juge correctionnellement ces délits, et décide que l'édit qui porte des peines trop rigoureuses doit être remplacé par le Code, mais que le Code n'a pas changé sa compétence.

Toutes ces bizarreries devraient disparaître

(1) Digest. l. i. tit. 21. l. 10. Ex Ulp. de Off. proc.

de la législation, dont il est fâcheux que l'insuffisance soit constatée sans qu'on s'occupe d'y aviser.

Un second délit ne devrait pas faire encourir des peines d'une nature autre que le premier : seulement on se montrerait plus difficile pour la transaction et la mise en liberté en cas d'encombrement des prisons.

Une troisième récidive entraînerait *forcément* une peine corporelle et l'application de l'article 42 du Code pénal.

L'article 388 du Code pénal punit d'un emprisonnement qui peut aller jusqu'à deux ans, et si le délit a été commis avec certaines circonstances jusqu'à cinq ans, celui qui enlève des récoltes ou autres productions utiles de la terre et du bois dans les ventes; le délinquant qui s'obstine à dévaster les forêts, *ces productions si utiles de la terre,* ne devraient-ils pas être atteints par le même châtiment ?

Pour l'insolvable, l'application directe d'une peine corporelle ne change guère sa position. L'homme aisé qui, malgré des avertissemens judiciaires, continue à dépouiller nos bois, ne doit plus en être quitte avec une simple amende. Il est juste qu'il soit au moins aussi puni que l'indigent, puisqu'il est plus coupable.

L'article 42 du Code pénal permet aux tribunaux jugeant correctionnellement d'interdire en

11

tout ou en partie l'exercice des droits civiques ,
civils et de famille à certains condamnés.

Les délinquans incorrigibles, qui ne respec-
tent pas la propriété d'autrui et qui méprisent les
lois de leur pays, deviennent facilement, ainsi
que je l'ai prouvé avec l'histoire, des hommes
dangereux. Ceux qui ne savent pas remplir les
devoirs du citoyen ne doivent pas en exercer
les droits. Plus ces droits sont étendus, plus la
justice doit avoir les moyens d'en restreindre
l'extension lorsqu'on en peut faire mauvais
usage.

Enfin je voudrais , après une quatrième ou
cinquième récidive, que le prévenu fût déclaré
délinquant d'*habitude,* et puni comme tel.

La circonstance aggravante de l'*habitude* devrait, selon moi, faire élever la peine jusqu'à
un an et jour d'emprisonnement, avec application de l'article 42 du Code pénal.

Qu'on ne se récrie pas contre la durée de
cette détention si prolongée ! Elle offrirait les
avantages que voici. Elle aurait une grande
puissance d'intimidation et d'exemplarité; elle
éloignerait le condamné de son pays et le sépa-
rerait de ses affections. Elle romprait sa manière
d'être, et lui donnerait le temps d'apprendre un
autre métier préférable pour la société et pour
lui-même.

Les mesures protectrices des forêts de l'Etat

devraient s'étendre davantage sur les forêts des particuliers. On limite leurs droits de propriété en leur interdisant la faculté de défricher; une compensation leur est due.

Le ministère public devrait avoir la mission de poursuivre les délits commis dans les bois des particuliers, sans l'intervention même du propriétaire.

Un propriétaire, en effet, pour obtenir un jugement, est obligé de hasarder des frais; et quand il veut le faire exécuter, il est souvent arrêté par la crainte d'exposer pour une condamnation à 10 fr., une somme de 60 fr., dont l'exercice de la contrainte exigera l'avance.

Plusieurs conseils généraux ont exprimé à ce sujet des vœux qui, suivant nous, sont dignes d'être pris en grande considération.

Je termine ici des observations qui se multipliaient sous ma plume à mesure que je méditais le trop vaste sujet que j'avais entrepris. Ces observations auraient eu besoin de plus de développemens, et, cependant elles auront paru peut-être trop longues, faute par moi d'avoir su les présenter comme elles auraient mérité de l'être.

Mes idées sont simples : les forêts sont en décadence, il est temps de mettre obstacle à leur ruine complète !

Leur dévastation offre des dangers, il est temps que ces dangers soient conjurés !

J'ai peu de goût pour les innovations : elles sont quelquefois plus imprudentes qu'heureuses. La loi perd ordinairement plus qu'elle ne gagne à être trop souvent refaite et remaniée. Je le sais, et cependant je propose des moyens préventifs et répressifs complètement nouveaux, c'est qu'il est des questions graves dont la solution, depuis long-temps promise, ne saurait être sans cesse écartée par un ajournement dérisoire. C'est que la justice doit avoir enfin assez de puissance pour faire respecter tous ses arrêts, assez de force pour apposer un châtiment efficace à tous les délits.

FIN.

Typographie Dossun.

www.ingramcontent.com/pod-product-compliance
Ingram Content Group UK Ltd.
Pitfield, Milton Keynes, MK11 3LW, UK
UKHW022115070726
13613UKWH00003B/1085